DE L'INTÉRÊT DE LA FRANCE

À L'ÉGARD

DE LA TRAITE DES NÉGRES,

PAR J. C. L. SIMONDE DE SISMONDI.

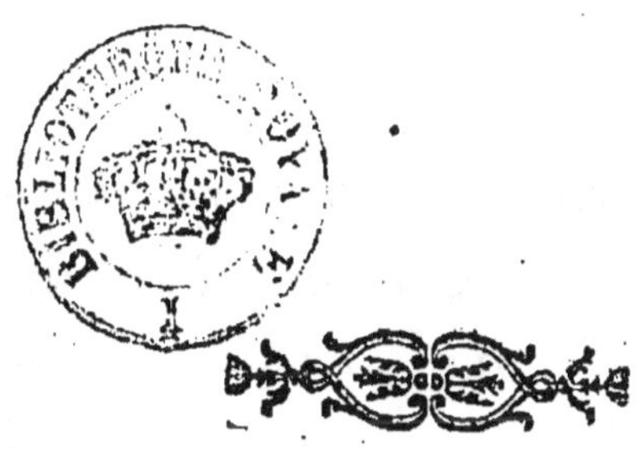

A GENÈVE,

CHEZ J. J. PASCHOUD, Imprimeur-Libraire,

ET A PARIS,

même maison de commerce, rue Mazarine N.º 22.

1814.

DE L'INTÉRÊT DE LA FRANCE

A L'ÉGARD

DE LA TRAITE DES NÈGRES.

On pourroit s'étonner de ce que les grands intérêts Européens qui vont être débattus au Congrès de Vienne, ont jusqu'ici occupé si peu l'attention des écrivains politiques. Les circonstances dans lesquelles ce Congrès va régler le sort de l'Univers, sont si nouvelles et si imprévues, qu'on peut supposer à peine, dans les plus habiles entre les hommes d'Etat, une connoissance approfondie des intérêts de chaque gouvernement. Plus ils ont étudié leur situation, et plus ils doivent souhaiter de recueillir encore de nouvelles lumières; plus ils doivent désirer aussi d'éclairer les peuples sur leurs vrais intérêts, pour leur faire approuver les changemens qu'ils préparent. Jamais en effet les Comices de l'Europe ne furent appelés à traiter des questions plus importantes ; ils vont décider de l'organisation interne des nations, et de leurs rapports politiques au dehors ; ils vont régler tout ce qui détermine l'opulence ou la misère des hommes, leurs jouissances ou leurs douleurs, les progrès de leur esprit ou leur abrutissement, leur moralité ou leurs vices.

Entre tant de sujets importans, qui se lient à tous les intérêts personnels, comme à toutes les spéculations philosophiques, il en est un, qui quoique éloigné de nous, me semble fait pour exciter une grande curiosité et de profondes émotions ; c'est la traite des Nègres. La France a demandé avec persévérance, que l'odieux commerce dont ils sont l'objet fut renouvelé pour cinq ans. L'Angleterre qui après de longs débats, se l'est interdit en 1807, a manifesté avec une glorieuse unanimité, sa douleur de ce que le traité de Paris ne-l'avoit pas-aboli ; elle a enjoint à son Ministère d'offrir le sacrifice de ses propres intérêts pour racheter cette clause cruelle, et elle se déclare prête à renoncer aux avantages qui ne sont que pour elle, si à ce prix elle peut obtenir l'avantage de l'humanité. De nouvelles conférences devront s'ouvrir à Vienne sur cette proposition généreuse; et le héros de l'Europe, celui qui sait que les plus nobles victoires sont perdues, si elles ne se rattachent aux progrès des lumières, à celui de la morale et des douces vertus, Alexandre a déjà hautement annoncé qu'il soutiendroit de tout son crédit la cause de l'Africain. Avant que le débat commence, avant qu'un faux point d'honneur s'attache à la défense d'un droit cruel, il peut être utile de traiter la question du renouvellement de la traite sous le rapport du seul intérêt de la France ; de rappeler aux Français ce que c'est qu'ils demandent ; de calculer, avec ceux qui ne veulent suivre d'autre règle que le calcul ; de montrer l'avenir à ceux qui se perdent dans la considération du passé ; de convaincre enfin la nation, que si elle a mis quelque orgueil à ne pas se laisser imposer par les étrangers les lois de la justice et de la religion, le moment est venu de les suivre aujourd'hui de son propre accord, comme lois de l'intérêt et de la prudence, autant que comme lois de l'honneur.

Le nom vague de traite ou de commerce des nègres, ne frappe point immédiatement l'imagination, par le tableau de tout ce qu'il désigne et qu'on veut rétablir. L'article du traité de Paris qui va de nouveau être discuté, réserve aux Français le privilège d'acheter pendant cinq ans encore, sur les côtes du Sénégal, soit des captifs enlevés dans des guerres excitées pour le seul but de vendre ensuite les prisonniers, soit de prétendus coupables, condamnés par des Juges iniques, pour des crimes légers ou imaginaires, soit des enfans que leurs pères ou leurs mères vendent pour de l'eau-de-vie, dans le délire d'une ivresse qu'ils veulent prolonger, soit des hommes libres, volés sur les grands chemins par des brigands, soit enfin quelques esclaves, déjà façonnés à la servitude, mais qui, dans le désert, étoient les compagnons plustôt que les instrumens de leur maître, et qui, même dans leur triste condition, n'avoient point conçu l'idée des travaux forcés que l'Afrique ne connoît pas. Cet effroyable assemblage de crimes, qui multiplioit les esclaves sur la côte du Sénégal et de Guinée, a été suspendu pendant sept ans, par l'abolition de la traite en Angleterre ; et déjà auparavant , l'impossibilité où les Français et les Hollandais se trouvoient de continuer ce commerce , l'avoit considérablement diminué. Les rapports des voyageurs, les preuves fournies au Parlement d'Angleterre , mettent hors de doute que le vaste continent situé entre les tropiques a été rendu à la paix et à un état de prospérité comparative, par la cessation de la traite; que les petits Rois , auparavant sans cesse en guerre, ont posé les armes ; que le brigandage est devenu fort rare; que la culture s'est considérablement augmentée , et que la civilisation commence à faire de rapides progrès. Le droit que les Français réclament aujourd'hui est donc celui de corrompre de nouveau les mœurs des nègres, de combattre de tout leur pouvoir l'influence bienfaisante des sociétés philantropiques, destinées à les civiliser, de violer leurs propres lois , celles du christianisme, celles de la nature , en traitant des hommes leurs semblables et leurs frères , comme Dieu n'a point permis de traiter même les animaux , de donner enfin pour garantie à cette horrible tyrannie, des supplices si effroyables que notre imagination n'en peut supporter le tableau.

Le premier établissement de cet odieux commerce au quinzième siècle, et son renouvellement aujourd'hui , ne sont point des actions de même nature ; l'horreur de la première avoit été couverte aux yeux de ses promoteurs, par un voile religieux, la seconde n'a d'autre motif que la cupidité. La traite des nègres n'avoit pu être inventée que dans l'égarement d'un zèle persécuteur. Pour dissimuler son atrocité, il avoit fallu que des prêtres dîssent aux Portugais que l'esclavage et les supplices des nègres étoient des moyens rigoureux mais utiles de gagner quelques ames à Dieu ; ce fut le motif avoué de toutes leurs expéditions sur la côte d'Afrique pendant plus d'un siècle (*). Ils y voyoient le double résultat d'acquérir des esclaves et des chrétiens, et ils se préparoient pieusement, comme à une croisade, aux expéditions féroces qui les enrichissoient. Aujourd'hui encore, des moines missionnaires de l'Amérique méridionale font des incursions nocturnes dans les pays occupés par des tribus paisibles d'Indiens sauvages, (*Indios*

______

(*) Asia Portuguesa de Joaõ de Barros, Deca 1, Lib. I. et II.

bravos) et ils enlèvent les enfans pour les réduire en esclavage. Le même brigandage animé par le même fanatisme, se renouvelle aussi tous les jours dans les provinces internes du Mexique (*). Mais les marchands négriers qui s'armeront à St. Malo, ne seront pas des missionnaires ; et aucun motif religieux ne pourra les aveugler sur l'immoralité de leur conduite. Ils n'auront point non plus l'excuse qu'avoient leurs prédécesseurs avant la révolution ; ils n'auront point pour eux l'autorité d'une coutume déjà ancienne ; ils ne pourront point se dire que ce qu'ils ne feroient pas, d'autres le feroient à leur place ; ils ne trouveront point en Afrique des marchands d'esclaves tout établis, qui leur offriront des captifs, sans leur rendre compte des crimes par lesquels ils se les seront procurés. Aujourd'hui que tout est détruit, et qu'il faut tout créer de nouveau, qu'il faut enseigner aux tyrans Africains à punir des crimes imaginaires, pour multiplier le nombre des condamnés à

(*) Alex. de Humboldt, essai politique sur le royaume de la nouvelle Espagne, Liv. II. ch. VII. T. II. p. 41. 42.

la servitude, ou à déclarer sans provocation la guerre à leurs voisins, pour se ravir mutuellement leurs sujets , aux pères et aux mères à vendre leurs enfans pour de l'eau-de-vie, aux voleurs de grand chemin à surprendre le voyageur au détour d'un bois ou d'un sentier écarté, non pour le dépouiller, mais pour s'emparer de sa personne ; aujourd'hui qu'il faut prêcher de nouveau le crime à l'Afrique, j'ose m'en flatter, on ne trouvera pas des Français pour une mission semblable ; on n'en trouvera pas non plus qui s'avilissent jusqu'à être les geoliers et les bourreaux des esclaves dans les vaisseaux négriers ; qui les entassent entre les ponts , sous l'ardeur des tropiques , enchaînés et couchés les uns à côté des autres , n'ayant chacun , sur la planche où ils doivent passer au moins quarante jours , qu'un espace de quatorze pouces de large, et pas assez de hauteur pour se relever (*). Lorsqu'un négre

------

(*) Voyez le plan et la coupe du vaisseau négrier *the Brook*, publié par le Rev. Mr Clarkson en 1789, et de nouveau en 1814 chez Richard et Artus Taylor à Londres. L'inspection de cet effroyable magasin d'hommes, couchés et enchaînés entre les ponts, fait

aura mérité l'estime d'un Français par l'acte de courage qui honore le plus l'espèce humaine, lorsqu'il aura dévoué sa vie au plus noble des buts, celui de recouvrer sa liberté et celle de ses semblables, j'ose m'en flatter encore, un français ne permettra pas qu'on lui inflige le supplice réservé dans les îles à la rebellion; qu'on le suspende à un croc, qui lui entre dans les chairs, sous les aisselles, et qu'on *le* laisse exposé au milieu des airs, au soleil et aux mouches, sans nourriture et sans boisson, jusqu'à ce qu'il termine, après huit ou dix jours d'effroyables douleurs, sa misérable existence (*). L'habitude ou le fanatisme ne réconcilient que trop facilement les peuples à la férocité, mais ces habitudes sont rompues, et ce fanatisme n'existe plus; la différence de langage, de couleur ou de croyance ne suffit plus pour persuader au

---

une impression plus profonde que tous les discours des amis des noirs. Les Français ne sachant point conduire la traite avec la même activité que les Anglais, laissent leurs nègres sept ou huit mois dans ces cachots ambulans, avant que leur chargement soit accompli. Malouet, Essai sur St. Domingue. T. II. Ch. I. Mémoires sur les colonies, T. IV. p. 148.

(*) Dumont et Bentham. Théorie des peines. Liv. II· Chap. XIII. p. 231.

Français qu'un homme a cessé d'être son frère. Les échafauds de la révolution, les hôpitaux, les combats, ont souvent, il est vrai, ramené sous nos yeux le spectacle de la mort, mais rien ne nous a présenté celui des tortures. Le noir ou le blanc, l'ami ou l'ennemi, qui dans les angoisses de la douleur, invoqueroit un soldat français, seroit sûr d'en obtenir toujours, au moins cette dernière marque de pitié, la mort prompte qu'on refuse au négre.

Ces horreurs ne sont sans doute pas présentes à la mémoire des négociateurs qui ont demandé le rétablissement de la traite ; ils n'ont considéré, disent-ils eux-mêmes, que l'avantage pécuniaire de la France ; ils ont voulu lui rendre tout le commerce, tous les établissemens qu'elle avoit, avant la révolution. Descendons sur leur terrain, voyons ce qu'ils peuvent faire de ces établissemens, où ils peuvent chercher cet avantage pécuniaire. Dans les Antilles, la Martinique et la Guadeloupe sont rendues à la France, et on lui laisse la liberté de reconquérir St. Domingue. Les deux premières colonies se sont conservées riches et florissantes sous le régime anglois ; elles sont soumises depuis 1807 , comme les colonies de cette nation, aux effets du bill qui a supprimé la traite ; aucune guerre acharnée, aucune longue révolte n'y a détruit la population négre ; elles n'ont point de grandes pertes à réparer, et le nombre des naissances parmi les noirs, commence aujourd'hui à s'y accroître, depuis que l'humanité est devenue pour les planteurs un bon calcul. L'expérience a confirmé dans toutes les îles administrées par les Anglois, ce que les amis de l'abolition avoient annoncé, que la reproduction des négres s'accroîtroit naturellement, dès que les maîtres auroient intérêt à la favoriser, et que si, dans l'ancien calcul des planteurs, un négre ne devoit durer que dix ans, et mourir ensuite à la peine, il dureroit autant qu'un Européen, et il se reproduiroit comme lui, dès que son maître sauroit qu'il ne pourroit plus le remplacer par un nouveau captif.

Ce sont des pertes bien différentes que la Martinique et la Guadeloupe ont éprouvé dans les dernières années ; leurs planteurs ont souffert de l'engorgement des magasins de denrées coloniales, de la rivalité des établissemens nouveaux, du bas prix du sucre et du café. Pendant la guerre ils produisoient beaucoup plus de ces marchandises que les consommateurs n'en vouloient acheter, et ils ressentoient avec toute l'Angleterre, ce discrédit de leurs denrées, sur lequel Buonaparte avoit fondé ses espérances. Lors même que leurs négres auroient diminué en nombre, ils ont eu plus d'une fois lieu de penser qu'ils en conservoient plus encore qu'il ne leur auroit convenu d'en entretenir, puisqu'ils ne trouvoient point à faire de l'argent avec les fruits de leur travail.

La traite, on en convient, est inutile à la Martinique et à la Guadeloupe ; mais c'est St. Domingue qu'on voudroit planter et enrichir de nouveau, St. Domingue qu'il faut conquérir auparavant sur les négres indépendans. C'est en répétant l'expérience désastreuse de Le Clerc, qu'on veut commencer à exécuter ce projet d'économie et de richesses. On peut se flatter qu'en promettant aux négres de St. Domingue, s'ils se soumettent, la paix, l'ordre, la sûreté, dont ils sont privés depuis long-temps ; qu'en les menaçant en même temps de toute la vengeance de la France, s'ils persistent dans la rebellion, on pourra les amener à se reconnoître pour sujets du roi, à changer même leur propriété incertaine sur les plantations, contre la condition de métayers, ou celle de vassaux de leurs anciens maîtres ; on pourra leur faire trouver plus d'avantages à partager avec les ci-devant propriétaires des fonds, les récoltes qu'ils auront fait naître par leurs sueurs, qu'à les conserver toutes entières, sans avoir de garantie pour en jouir, ou de facilité pour les vendre. Mais à qui persuadera-t-on qu'ils rentreront jamais dans l'esclavage d'autrefois ; qu'après vingt ans de liberté, lorsqu'une nouvelle génération d'hommes fiers et indépendans, accoutumés au commandement, aux armes, souvent à la cruauté, a pris la place des anciens esclaves, on pourra les engager à rentrer dans les cases de ceux qui avoient si cruellement maltraité leurs pères, à travailler pour eux dès l'aube jusqu'à la nuit, sous le fouet d'un commandeur impitoyable, à renoncer à toute part aux produits du travail de leurs mains, à se soumettre à plusieurs centaines de coups d'étrivières lorsqu'ils auront porté à leur bouche la canne à sucre qu'ils cultivent seuls, ou goûté la mélasse qu'ils en tirent; à se contenter du plus misérable repas de manioc pour nourriture, d'un pagne

grossier pour habit, d'eau pour boisson ,
d'une case ouverte aux inclémences de l'air
et aux reptiles pour habitation; à renoncer
aux jouissances de la vie qu'ils possédent,
et à ne réclamer enfin d'autre salaire que
les coups d'étrivières et les tourmens.

On tromperoit les négres par mille faux
sermens pour les amener à se soumettre de
nouveau aux planteurs, on leur feroit en-
trevoir des jouissances sensuelles sans mesure, pour les séduire, que l'illusion ne
dureroit que jusqu'au moment où ils recon-
noitroient les chaînes et le fouet. La rebellion seroit la conséquence nécessaire de la
tromperie, et St. Domingue ne manqueroit
pas d'un nouveau Toussaint l'Ouverture.
On peut étourdir les hommes sur la destruction de leur liberté politique, parce
qu'aucune douleur physique, aucune priva-
tion personnelle ne suit immédiatement sa
perte; mais on ne sauroit les tromper sur la
destruction de leur liberté domestique ;
jamais aucun homme n'a pu renoncer vo-
lontairement à sa propriété, à sa personne,
à sa famille ; et donner la préférence aux
coups d'étrivière sur son revenu , ou les
fruits de son travail.

Soit qu'on veuille agir de bonne foi avec les négres de St. Domingue , on qu'on veuille les tromper ; soit qu'on les endorme par des promesses qu'on aura dessein de violer, ou qu'on les soumette par les armes; il est évident que tant qu'on les conservera en vie, la traite redoublera les dangers des blancs qui vivront au milieu d'eux. Si en vertu d'une pacification , la grande masse du travail doit être faite par des mains libres , des esclaves ne sont plus nécessaires à St. Domingue ; cependant l'introduction dans l'île, des captifs apportés d'Afrique, excitera une défiance universelle parmi les négres libres ; elle leur apprendra quelle est la secrète pensée des Européens , et le point de souffrance et d'humiliation auquel on voudroit les réduire ; elle ajoutera tous les jours de nouveaux alimens à la haine entre la race blanche et la race noire, haine qu'il seroit si important de détruire ; et au moment d'une révolte, les négres qu'aura apporté la traite seront des auxiliaires que les colons auront été chercher eux-mêmes, pour les donner à leurs ennemis. La seule présence de quelques centaines de négres marrons dans une colonie, suffisoit pour jeter le trouble parmi tous les négres esclaves, et pour exposer les planteurs à tous les dangers des révoltes et des conspirations. Comment supposer que quelques centaines, quelques milliers de négres esclaves pourroient être maintenus dans la servitude au milieu de quatre cent mille négres libres, qui se plairont à conter comment ils on brisé eux-mêmes leurs chaînes, et puni les c. ues de leurs oppresseurs. Non, l'on ne peut se méconnoître, si l'on a dessein de rétablir la traite pour St. Domingue, ce ne peut être qu'après qu'une guerre d'extermination aura détruit jusqu'au dernier les habitans de ce vaste pays.

On demande que je ne mette point en opposition les principes avec l'intérêt, ces principes dont le nom seul paroît révolutionnaire ; et je ne m'arrêterai point sur l'atrocité de ce projet d'extermination, ni sur la perfidie à laquelle il sera nécessaire d'avoir recours pour le faire réussir. Il est entendu que la probité, que l'honneur, que l'humanité, ne font rien à la chose; il ne s'agit que d'argent à gagner. Eh bien, voyons enfin ce que les seuls motifs pécuniaires doivent conseiller à la France.

Dans aucun temps la France n'a eu des capitaux proportionnés à ses vastes besoins. La révolution, et les brusques et fréquens changemens de ses systèmes économiques, ont détruit à plusieurs reprises les fonds qu'elle avoit lentement accumulés. Jamais elle n'a eu plus de raison qu'aujourd'hui de s'occuper à conserver toutes ses richesses, pour soutenir, pour ranimer son commerce intérieur et son industrie; et c'est dans ce moment qu'on parle de lui faire entre-prendre une guerre de commerce, une guerre longue et dispendieuse à porter entre les tropiques; c'est dans ce moment qu'on veut lui faire fonder une colonie nouvelle dans le pays que cette guerre doit conquérir. On veut pour cela, lui en faire importer d'Afrique toute la popu-lation, après l'avoir achetée homme après homme. C'est à ce prix qu'on veut lui faire élever à trois mille lieues des frontières françaises, un grand atelier pour produire du sucre et du café ; on veut encourager cette production nouvelle en lui assurant le monopole du marché de la France; on veut soumettre ainsi tous les consommateurs français à un impôt considérable, non point en faveur du trésor public, qui est cependant obéré, mais en faveur de ceux qui consentiront à souiller leur honneur et le nom français par l'infâme commerce des esclaves; on engagera enfin par des profits supérieurs tous les capitalistes de France à retirer leurs fonds du commerce, de l'agriculture, des manufactures qu'ils animent, pour braver la concurrence des Anglais qui produisent les mêmes denrées à meilleur marché qu'eux; pour braver aussi la concurrence plus redoutable encore des marchands des Indes, d'Arabie, du Brésil, du Mexique, de tous les pays situés entré les tropiques, dont le commerce commence seulement aujourd'hui à être ouvert à l'Europe, et ira chaque année en croissant. Sans songer à cette rivalité, on va se donner à grands frais une branche d'industrie qui doit nécessairement être renversée un jour, par le progrès seul du commerce. Quelle manière d'enrichir une nation !

La France, avons nous dit, n'a eu dans aucun temps des capitaux proportionnés à ses besoins; et s'il est un principe démontré aujourd'hui en économie politique, c'est que les capitaux nationaux sont la seule mesure de l'industrie nationale. On peut avec la même somme faire une espèce d'ouvrage plutôt qu'une autre ; on peut encore faire moitié de l'un, moitié de l'autre; mais on n'a point à choisir entre n'en faire qu'un et les faire tous deux. Mille francs peuvent payer mille journées d'ouvriers en coton ou d'ouvriers en laine, au choix du Gouvernement; mais avec mille francs on ne donnera pas en même temps vingt sous par tête à mille ouvriers en coton, et à mille ouvriers en laine. Le manque de capitaux est donc le grand et primitif obstacle aux progrès du commerce et des manufactures. Le taux de l'intérêt étoit proportionnellement plus élevé en France que dans les autres pays commerçans; il l'étoit plus encore pour les capitaux employés dans les manufactures que pour ceux employés dans le commerce. L'argent prêté à un manufacturier n'étoit pas plus exposé que l'argent prêté à un commerçant, mais on savoit qu'il seroit rendu beaucoup moins régulièrement, parce que le manufacturier avoit sans cesse besoin de plus de fonds qu'ils n'en pouvoit atteindre; il étoit toujours aux expédiens pour faire de l'argent, et sans faire perdre les intérêts du dépôt prêté, il en retardoit le payement. Ce besoin d'argent se faisoit sentir dans toutes les négociations ; comme acheteurs de matières premières, les fabricans demandoient les plus longs crédits qu'on put leur accorder; comme vendeurs, ils ne pouvoient jamais consentir à d'assez longs termes ; et c'étoit là leur plus grand désavantage, quand ils entroient en concurrence avec les marchands Anglois. Il n'y avoit pas une seule des spéculations des fabricans Français, de laquelle on ne put inférer, que s'ils avoient eu plus d'argent, ils auroient étendu davantage leurs affaires. Aussi l'établissement forcé de chaque nouvelle manufacture, en détournant les capitaux qui devoient alimenter les anciennes, faisoit-il perdre à celles-ci, tout au moins, tout ce que les autres gagnoient. Le capital national étant la limite nécessaire de l'industrie nationale, lorsqu'on propose aujourd'hui aux Français le rétablissement de St. Domingue, c'est comme si on leur demandoit lequel vaut le mieux de conserver leurs fabriques de draps, et d'acheter leurs sucres de l'étranger au meilleur prix possible, ou de fermer leurs fabriques et de faire naître pour leur compte,

mais plus chèrement, le sucre à St. Domingue ;
ou plus briévement encore, lequel vaut le
mieux de gagner sur les draps, ou de perdre
sur les sucres ; de faire les meilleurs draps
de l'Europe, meilleur marché que toute
l'Europe, en payant le sucre vingt sous au
Anglois, ou de payer le sucre quarante sous
aux colons de la France, et d'acheter chérement ses draps de l'étranger. Le dilemme
est si bisarre, il met tellement tous les
avantages d'un côté, tous les inconvéniens
de l'autre, que quand on voit hésiter sur le
choix, on se figure toujours qu'on a mal
entendu, ou que les termes sont mal placés.

La France il est vrai a été une fois assez
riche pour que ses colonies aient pu pros-
pérer, dans le temps même où ses manufactures florissoient. Mais la France a perdu
d'abord le capital même de ces colonies
qu'il s'agit de fonder de nouveau ; ensuite
les trois quarts des autres capitaux qui don-
noient le mouvement à son agriculture, à
ses manufactures et à son commerce. Se
figure-t-on que vingt ans de guerre soute-
nue contre presque toute l'Europe, n'aient
pas épuisé toutes les ressources ; et que
tant de milliards dépensés par les armées

soient toujours disponibles ? Les assignats et les confiscations donnèrent à la République la disposition de presque tout le capital circulant de la nation ; en effet les milliards d'assignats que l'on créoit, n'étoient pas, pour le Comité de salut public, une valeur fictive; ils représentoient les armes, les habits, les munitions, les vivres que le Gouvernement achetoit pour les dissiper ensuite. Les biens confisqués sur les émigrés ou le clergé, n'étoient pas non plus pour le Gouvernement un capital purement territorial ; ces biens n'étoient dépensés qu'après avoir été vendus, c'est-à-dire échangés contre le capital circulant. Le Gouvernement saisissoit les immeubles, mais c'étoient les meubles dont il se trouvoit ainsi avoir la disposition. A peine cependant la France avoit-elle fini de perdre son sang par ces deux larges blessures, lorsque le système des prohibitions lui en infligea une troisième. Il fallut renoncer à tout le commerce maritime ; tous les vaisseaux qui remplissoient les ports de la France devinrent inutiles; on les a vu pourrir, dix ans, vingt ans, dans les chantiers ; et l'on a été réduit à vendre comme vieux bois, comme vieux fer, ces maisons ambulantes qui avoient été élevées avec tant d'art et de dépense, et qui ne pouvoient plus sortir du port. Les magasins construits à si grands frais dans toutes les villes maritimes , sont devenus inutiles et ont ruiné leurs propriétaires ; l'habileté acquise par les matelots, par les artisans des manufactures tombées, a été également perdue ; toutes les fabriques destinées au commerce d'exportation ont été fermées ; des confiscations , des brûlemens de marchandises, des vexations de tout genre ont ruiné le commerce , des faillites répétées coup sur coup ont annoncé des pertes; en même temps tout le reste des capitaux disponibles de la nation , étoit attiré, (par tous les privilèges du monopole, vers les manufactures nouvelles que le Gouvernement favorisoit.

Ce même système continental, également funeste aux Français , dans son élévation et dans sa chûte , leur cause aujourd'hui une seconde perte toute semblable. Le Gouvernement en forçant les Français à se suffire à eux-mêmes, les avoit contraints à créer un grand nombre de manufactures , pour suppléer à ce que l'étranger n'apportoit plus.

Ainsi les fers français remplaçoient chérement les fers de Suède, au grand dommage
de l'agriculture et des manufactures, puisqu'il falloit payer six sous la livre à Carcas-
sone, un fer qu'on auroit payé trois sous à
l'étranger; ainsi les cotonnades de France,
remplaçoient celles de l'Angleterre et des
Indes, au grand dommage des mères de
familles, puisqu'il falloit payer quarante francs
un habit qu'on auroit eu pour vingt francs
à l'étranger; ainsi enfin les sucres de raisin
ou de betteraves remplaçoient ceux des colonies, au grand dommage des consommateurs, puisqu'ils payoient cinq francs la livre
un sucre qu'ils auroient pu avoir au dehors
pour cinquante centimes. Cependant, sous
la foi du Gouvernement, des établissemens
dispendieux, des mines, des forges, des
usines, des ateliers de filatures, de tissus,
d'indiennerie, des manufactures de sucre et
des indigoteries, avec mille autres manufactures nouvelles, s'étoient élevées dans
toutes les parties de la France, pour subvenir aux besoins artificiels qu'on avoit
donnés à la nation. Un capital considérable
avoit été enfoui dans les frais de premier
établissement, et ce capital est perdu; les

efforts qu'on fera pour sauver ces travaux si malheureusement entrepris, ne pourront qu'agraver le mal en le dissimulant. Les belles usines et les forges de Carcassonne n'ont pas aujourd'hui une valeur plus réelle, que les vaisseaux que depuis vingt ans on démolit dans le port de Marseille.

Pour achever la ruine de la nation, il ne manque plus que de la forcer à dépenser le reste de ses fonds à l'établissement de colonies, qui ne pourront pas soutenir ensuite la concurrence étrangère, et qu'on sera forcé d'abandonner.

Le capital entier de la nation s'enfouiroit peut-être dans l'expédition de St. Domingue, sans suffire à rendre à cette colonie son ancienne splendeur. L'on sait ce qu'a coûté à la France l'expédition du général le Clerc ; l'on sait que toute la perfidie avec laquelle on chercha à tromper Toussaint l'Ouverture, que toute la férocité qu'on mit à chasser les négres aux chiens courants, ou à massacrer tous les captifs, ne suffirent point pour triompher de cette île puissante : l'on sait qu'une magnifique armée y fut consumée, et qu'il faudroit des efforts trois ou quatre fois plus considérables que ceux qu'on fit alors,

pour reconquérir St. Domingue. En effet
tous les genres d'obstacle rendent plus meur-
trière et plus dispendieuse la guerre qu'on
veut porter dans cette île ; la population
nègre de St. Domingue, qui s'élevoit en 1788
à 450,000 ames, fut réduite en 1803, par
les massacres et les guerres civiles de la révolution, à 375,000 ames ; mais depuis cette
époque elle paroît s'être constamment accrue;
elle s'est renouvelée par une nombreuse jeu-
nesse, née pendant vingt années de liberté,
et accoutumée aux armes, au combat, au
développement de toute son habileté. On
doit compter aujourd'hui dans la colonie, cent
mille hommes qui porteroient le mousquet,
et qui, s'ils sont inférieurs aux troupes Eu-
ropéennes pour combattre en ligne, sont
bien supérieures pour la guerre de poste,
sur des montagnes brûlantes, où la cavalerie
est arrêtée dans tous ses mouvemens par le
manque de fourrage et la sécheresse, où
l'infanterie, lorsqu'elle a fait trente lieues
en cinq jours, laisse la moitié de ses hommes
à l'hôpital, où aucun soldat ne peut en aucune saison, coucher au bivouac, où les
vivres d'Europe sont attaqués par les ther-
mites, tandis que les montagnes recèlent

pour les nègres des provisions de manioc, où dix soldats acclimatés font plus de service que trente-six Européens ; car de ceux-ci les deux cinquièmes éprouvent la maladie du pays dans la quinzaine qui suit leur débarquement, et deux sur sept périssent à l'hôpital, s'ils sont ménagés, trois s'ils fatiguent, et sont mal nourris (*). Plus on considère les changemens survenus dans la colonie, et plus sa conquête paroît présenter des difficultés insurmontables. C'est dans le pays même où l'on a prétendu que le travail étoit impossible aux Européens, qu'on veut faire la guerre au peuple qu'on a déclaré être seul propre à supporter les ardeurs du Tropique; c'est avec des troupes affoiblies par le mal de mer et la mauvaise nourriture, qu'on veut attaquer dans un pays devenu le leur, des hommes qui joignent les armes et la discipline Européenne, à la force de corps et à la sobriété des Africains, à la fureur et à l'obstination des esclaves révoltés. Lorsqu'il s'agissoit autrefois de défendre St. Domingue contre les Anglois, on savoit bien qu'en se

---

(*) Malouet, Mémoires sur les colonies. Essai sur St. Domingue, Part. II. Chap. V. Tome IV. p. 228.

retirant dans les montagnes on ne pourroit y être poursuivi ; mais on savoit aussi qu'on y manqueroit bientôt de vivres, et qu'en perdant les côtes on perdroit toute la richesse de la colonie. Aujourd'hui au contraire ces côtes ne sont presque point estimées par les négres, tandis que les montagnes recèlent d'abondantes provisions. La colonie, si jamais elle est réduite, aura coûté auparavant cinquante mille hommes et trois cent millions à la France. Avec tant d'argent et de sang il seroit plus facile peut-être de fonder un Empire nouveau dans la Guiane, ou de civiliser le Sénégal lui-même, au lieu de le replonger dans la barbarie.

Mais je veux que cette expédition réussisse, je veux qu'on trouve cinquante mille Français, qui consentent à partir avec la mission d'exterminer une nation entière; je veux que leurs officiers, si souvent distingués par la loyauté et le courage, ne répugnent point à unir la férocité à la tromperie, pour endormir les négres par des traités simulés, avant de les faire périr. Que St. Domingue enfin soit soumis, que tout ce qui ne sera pas massacré ou noyé dans la mer, soit forcé d'abandonner cette nouvelle patrie, et de s'enfuir chez les Caraïbes ; il faudra donc refonder une seconde fois cette colonie, dans l'attente de la voir parvenir un jour à la même richesse que plus d'un siècle avoit accumulée ; il faudra lui accorder tous les priviléges dont elle jouissoit alors ; et parce que sous le règne de Louis XVI elle fournissoit avec surabondance à toute la consommation de la France en denrées coloniales, et à celle des contrées situées derrière la France, il faudra, comme alors, favoriser le commerce des colonies françaises aux dépens de tout celui des étrangers. Il faudra continuer à priver la France de toute communication avec les colonies angloises ; tandis que, si l'on apportoit à ces négociations des sentimens libéraux, ce seroit pour l'Europe, et non pour elle-même que l'Angleterre auroit conquis les Indes, dont elle laisse le commerce ouvert à toutes les nations. Il faudra interdire à la France de négocier avec l'Amérique Espagnole ; tandis que l'affranchissement de ces anciennes colonies, est l'événement le plus favorable au commerce dont l'histoire nous conserve le souvenir. Jamais pays qui eut plus besoin de l'Europe, et qui produisit plus pour l'Eu-

rope, qui eut plus de richesses, et le goût
de plus de jouissances, n'avoit été admis
tout en une fois à la communication du
monde commerçant. Il faudra renoncer encore à tout le riche commerce d'entrepôt
que la Martinique, la Guadeloupe, et l'île
Bourbon pourroient faire, si au lieu de leur
assurer le marché exclusif de la France,
on laissoit ouverts à toutes les nations, les
ports des deux premières sur la route du
Mexique, et le marché de la troisième sur
la route des Grandes Indes. Il faudra renoncer enfin à tout le commerce de com-
mission que la France pourroit faire entre
l'Allemagne et l'Italie, d'une part, les colonies Anglaises, Espagnoles et l'Indostan
de l'autre. C'est à ce prix, c'est par tous ces
monopoles qu'on encouragera les planteurs
à se rendre de nouveau à St. Domingue,
à rassembler les restes de leurs richesses, à
profiter de tout le crédit qu'ils pourront
fonder sur de vagues espérances, et le souvenir d'une ancienne prospérité, pour ar-
racher aux manufactures, à l'agriculture,
au commerce intérieur, à la construction
des vaisseaux, tous les capitaux qui leur
sont aujourd'hui si nécessaires. Et comme le

nombre des matelots de la France et des vaisseaux qu'elle peut construire est également limité, il faudra renoncer aux pêcheries, au cabotage, à la navigation la plus essentielle au commerce, à celle qu'on doit regarder comme la vraie école de la marine, pour cette traite des négres, dès long-temps signalée comme exposant les matelots à des contagions funestes, et comme coûtant plus d'hommes en une année à la marine angloise, que tous les autres commerces ne lui en coûtent en deux ans.

La population de St. Domingue, au temps de sa prospérité, étoit estimée à quarante mille blancs et 450,000 négres. Pour racheter ces 450,000 esclaves, au prix courant du commerce, et sans tenir compte du renchérissement qu'une demande aussi exhorbitante ne manqueroit pas de produire, il faudroit, à cent louis par négre, 45 millions de louis, un milliard, quatre vingt millions de francs ; c'est peut-être toute la richesse disponible de la France ; et puisque la traite n'est accordée par les traités que pour cinq ans, il faudroit dans ce court espace de temps, acheter en Afrique des nations entières, et les venir jeter sur les côtes de

St. Domingue. Un pareil projet est aussi absurde qu'il est effroyable. En accordant deux ans à la conquête de l'île, il en restera trois pour la traite, et chaque année on ne transportera pas plus de quinze mille négres. Dans les meilleures années on en vendoit avant 1789 jusqu'à 18000 à St. Domingue; mais alors ce commerce étoit en train, et les marchés du Sénégal étoient garnis d'esclaves. Il s'agit donc de transporter en tout quarante-cinq mille esclaves à St. Domingue, et d'y fonder ainsi une colonie qui aura précisément le dixième de la valeur de ce qu'avoit l'ancienne. L'achat des esclaves coûtera à la France 4,500,000 louis; mais d'après les calculs de tous les planteurs, l'achat des esclaves ne fait que les trois huitièmes de l'établissement; il en faut trois autres pour le défrichement de la terre, et deux pour les bâtimens, les manufactures et le bétail (*).

(*) M. Malouet nous fait connoître les frais d'établissement d'une plantation de sucre à St. Domingue en 1776, et M. d'Humboldt ceux d'une plantation semblable à Cuba en 1802.

L'établissement marchand de cette petite colonie, indépendamment des frais du Gouvernement et des dépenses de la guerre, coûteroit donc douze millions sterling, 288 millions de francs. De plus il faut deux ans avant de retirer aucun bénéfice de ces avances; et au bout de ce terme, si la colonie prospère , si les profits des planteurs sont égaux à ce qu'ils étoient dans la plus grande splendeur de St. Domingue , les plantations

---

D'après le premier, 200 négres coûtoient alors à 1500 fr.   300,000 fr.

Les avances de défrichement pendant deux ans, de 1200 pas carrés de bonne terre, plantée en cannes à sucre,   300,000

Les bâtimens de maîtres , de manufacture, et de négres, le bétail, 120 mulets, et 40 bœufs,   200,000

Prix total d'une plantation à sucre rendant au bout de 2 ans, de 7 à 8 p. $\frac{0}{0}$.   800,000 fr.

D'après M. d'Humboldt, une grande sucrerie à Cuba, exploitée par trois cents négres, demande une avance de deux millions tournois, ensorte que 45,000 négres exigeroient une avance de 300 millions. Malouet, Essai sur St. Domingue , P. I. Ch. VII. T. IV. p. 118. —Humboldt, Essai politique sur la nouvelle Espagne. Liv. IV. Ch. X. T. III. p. 178.

rendront à peu près huit pour cent, ou guère plus de la moitié de ce que les mêmes fonds rendroient dans le commerce intérieur. Certes un pareil résultat ne mérite pas de si grands sacrifices. Après cette tentative malheureuse, la raison et le calcul se feront enfin entendre, et l'on sera forcé de tout abandonner.

J'ai promis de ne point parler de principes ; je sais que l'immoralité de l'action ne doit point entrer en ligne de compte ; mais sans donner à cette considération aucun poids comme politique, il peut être curieux de se former quelque idée de ce que ce petit établissement coûtera à la France de sang et de crimes, aussi bien que d'argent. Estimons à 400 mille individus la population nègre de St. Domingue qu'il faudra détruire, à 50,000 le nombre de soldats que la France perdra dans cette boucherie, par l'effet du climat, plus encore que des armes, (et l'exemple du général Le Clerc, nous apprend que ce calcul n'est pas exagéré.) Pour établir 45,000 négres à St. Domingue, il faut en avoir embarqué 60 mille au Sénégal ; les maladies de la traversée, le chagrin et les suicides en emportent toujours un quart.

Deux hommes qu'on embarque à la côte, en coûtent au moins trois à l'Afrique. Le rapt d'un homme libre, l'offense la plus odieuse de toutes, ne se commet pas gratuitement ; le père qui n'a pas réussi à défendre ses enfans avant qu'on les lui ravisse, ne perd pas sitôt l'espérance de les venger, et le vol d'un homme est un forfait qui peut faire verser du sang pendant plusieurs générations ; ainsi, aux soixante mille négres vendus, il en faut joindre trente mille tués à leur occasion. En tout ce seront 540,000 meurtres, 540,000 forfaits, par lesquels on réussira à donner à St. Domingue 45,000 esclaves, au lieu de 450,000 qu'on en comptoit il y a vingt ans.

Mais enfin, par tant d'efforts, par tant de sacrifices, par tant de crimes, la colonie sera rétablie ; quelques plantations prospéreront avant le terme des cinq ans, d'autres donneront de grandes espérances ; ce sera le moment où les planteurs solliciteront la continuation de la traite, pour mettre à profit les avances faites précédemment, et commencer à jouir après avoir tant dissipé ; peut-être les Ministres trompés eux-mêmes sur l'avantage de la France, troubleront-ils à cette époque l'équilibre de toute l'Europe, de tout l'Univers , pour se dispenser de l'exécution du traité de Paris , et protéger ce honteux commerce; peut-être aussi seront-ils déjà éclairés par l'expérience , et reconnoîtront-ils alors, que fonder une nouvelle colonie, dans l'état où se trouve aujourd'hui le commerce des Tropiques , c'est une spéculation imprudente , improfitable pour la nation pendant sa durée, et qui causera nécessairement, par sa chûte, une perte immense de capitaux français.

Le Gouvernement qui veut faire chérement lui-même, ce qu'il peut acheter bon marché des autres, est toujours trompé par un faux calcul. Si le Gouvernement de Suède interdisoit tous les vins de France, et pour les remplacer, faisoit cultiver en Dalécarlie les vignes dans des serres, il feroit à peu près ce qu'a fait la France avec son système prohibitif. Nous lui dirions qu'il perd sur les jouissances des Suédois, auxquels il feroit boire de mauvais vin, au lieu de bon ; qu'il perd sur leurs revenus, en les obligeant à acheter chérement ce qu'ils peuvent avoir bon marché ; qu'il perd sur les capitaux , qu'il détourne de ses mines de fer pour les employer à une entreprise ridicule ; qu'il perd enfin sur les serres qu'il fait bâtir, parce que le moment viendra où l'on se lassera de tant de violence, où l'on ouvrira les ports de Suède aux vins étrangers, et où tout l'argent consacré aux serres sera perdu. C'étoit là l'histoire du Gouvernement français lorsqu'il vouloit faire recueillir du sucre en France, plutôt que de le cultiver entre les tropiques ; ce sera encore là son histoire, s'il fonde chèrement la colonie de St. Domingue, pour produire à grands frais du sucre qu'il peut acheter bon marché. Il aura même de plus le désavantage d'avoir placé cette manufacture de sucre hors de l'enceinte de l'État, en sorte qu'il perdra pendant la guerre jusqu'aux avances qu'il aura faites. Les colonies dispendieuses sont regardées par quelques politiques comme un moyen utile de nuire à ses rivaux en temps de paix ; plus souvent encore elles livrent le pays à leur discrétion en temps de guerre.

A la première fondation de St. Domingue, il n'y avoit pas de raison pour que cette colonie ne produisit pas à aussi bon compte que toute autre, tout ce qu'on peut tirer des Antilles. Mais les relations de l'Europe avec les trois autres parties du monde ont éprouvé, dès cette époque, les plus prodigieux changemens. Le commerce qui se faisoit autrefois par un petit nombre de vaisseaux, en occupe plusieurs milliers; celui qui étoit sans cesse entravé par les chartes des compagnies est devenu libre; les Américains fournissent l'Europe de ce qui abonde dans les trois autres parties du monde, et le moment approche où les Indiens sujets de la Grande Bretagne, arriveront à leur tour avec leurs vaisseaux dans nos mers, pour nous porter leurs marchandises.

Les Grandes Indes feront bientôt aux Antilles une concurrence que celles-ci ne sont point en état de supporter. Les deux produits principaux des colonies, le café et le sucre, n'appartiennent point exclusivement au golfe du Mexique. Le café d'Arabie ou du Levant, est fort supérieur à tout celui qu'on pourra récolter jamais dans les meilleures colonies françaises. Il est renchéri pour nous par les frais de transport, et plus encore par ceux de monopole, non par ceux de culture (*). Des mains libres le

____

(*) Le monopole de la Compagnie des Indes

recueilleront toujours à meilleur marché dans le Yémen , que des esclaves étrangers , à la Martinique ou à St. Domingue. L'arbuste y demande moins de travaux , le terrain moins de préparation , et le soleil fait la moitié de l'ouvrage , pour une plante originaire de l'Arabie heureuse. La jalousie des Arabes tient encore presque tous leurs ports fermés pour les Européens , mais la crainte d'offenser la compagnie des Indes angloise , commence à les faire dévier de leurs anciens usages. A mesure que l'influence des Anglois s'étendra sur les golfes Persique et Arabique, et que leur navigation indienne sera plus animée , la demande des cafés fera augmenter leur culture. On peut prévoir que la communication entre l'Inde et l'Angleterre doublera tout au moins tous les dix ans; ainsi des quantités toujours plus

---

renchérissoit tellement le port de ses marchandises, qu'il faisoit perdre tout le bénéfice de la découverte de la route par le Cap de Bonne-Espérance. Le café d'Arabie de la Compagnie revenoit aussi cher que celui qui avoit fait par terre la traversée de l'Egypte. Depuis que le commerce de l'Inde a été ouvert à tous les Anglais, le prix du frêt a changé, et il changera davantage encore.

grandes de café du Levant, seront importées en Europe, et le moment viendra peut-être où son abondance fera abandonner absolument la culture de cet arbuste dans tous les pays où le travail est fait par des esclaves (*).

Quant à la culture de la canne à sucre, on ne peut plus espérer non plus qu'elle accorde désormais les profits de monopole qu'elle offroit autrefois. On sait que les vaisseaux de la Compagnie Anglaise des Indes avoient commencé il y a plus de quinze ans à compléter leur chargement avec du sucre. On cultive la canne à sucre avec avantage,

----

(*) St. Domingue produisoit en 1788, 762,865 quint. de café, tandis qu'on n'exportoit guères que 130,000 à 150,000 quintaux de café du Yémen; mais il faut bien peu de place pour produire tout le café que l'on consume dans toute l'Europe. Mr. d'Humboldt l'évalue à 53,000,000 de kilogrammes; et comme un cafier donne en bonne terre un kilogramme de café, et que l'on en plante 960 pieds sur un hectare de terrain; il ne faut que 55,000 hectares de terre pour produire cette récolte. De même il ne faudroit qu'environ sept lieues carrées de terrains fertiles entre les tropiques, pour produire tout le sucre que consomme l'Europe. Humboldt, liv. IV, chap. X, pag. 193.

dans plusieurs districts du Bengale, comme aussi dans l'Empire des Birmans, et dans les provinces méridionales de la Chine. Le produit en sucre dans les districts de Peddapore, de Zemindar, dans le Delta de Godavery, et sur les rives du fleuve Elyseram, est de 4650 Kilogrammes par hectare ; ce qui est plus du double du produit des Antilles ; tandis que le prix de la journée de l'Indien libre est presque cinq fois moindre que le prix de la journée du nègre esclave. (*) Il résulte de cette double différence que le cultivateur aux grandes Indes vend son sucre à quatres roupies et $\frac{4}{5}$ le quintal, ou 26 centimes le kilogramme ; ce qui est à peu près le tiers de la valeur de cette denrée

***

(*) Le salaire du manouvrier ne passe pas six sous par jour au Bengale. L'entretien des nègres coûte aujourd'hui plus de vingt francs par mois dans l'île de Cuba ; (Humboldt, Essai politique, liv. IV. ch. X. tom. III, p. 185) et il faut ajouter à cette somme l'intérêt du prix d'achat, à 5 pour cent, et une compensation pour le dépérissement de l'esclave, à 10 pour cent, sur 2400 f. ou 360 fr. par an, ce qui fait revenir le gage annuel de l'esclave à 600 fr. ou plus de 40 sous par jour , les dimanches déduits. (Malouet, Rapports sur la Guiane, tom. I. p. 79).

au marché de la Havane. Les Anglais craignant que le bas prix de cette production ne ruinât leurs cultivateurs des Antilles, ont chargé le sucre des Indes Orientales de gros droits d'entrée ; mais ils ne peuvent point empêcher les Américains d'en importer des quantités considérables et toujours croissantes, qui du marché de New-Yorck se répandront dans toute l'Europe.

Dans le voisinage même de St. Domingue, une autre concurrence non moins redoutable doit arrêter les progrès de cette colonie. Tous les établissemens qui l'entourent ont pris un accroissement proportioné à ses désastres ; ils ont pleinemen remplacé dans le commerce du monde le vuide qu'avoit laissé cet immense atelier. L'introduction de la canne à sucre d'Otahiti, qui sur la même étendue de terrain, donne un tiers de *Vezou* de plus que la canne commune, a encore augmenté la masse des sucres. La Jamaïque en produit autant que la Martinique unie à la Guadeloupe ; Cuba, plus que ne faisoit St. Domingue ; et la Guiane Hollandoise dépasse seule toutes les autres colonies ; la rivalité de ses basses terres menace les.

îles Angloises elles mêmes d'une prochaine ruine. (*) Mais tandis que ces diverses colonies sont cultivées par des esclaves, la culture de la canne à sucre s'est aussi introduite dans le Mexique, où elle est abandonnée aux Indiens et aux paysans libres. Elles y a reçu, dans les *terras calientes*, le plus grand développement; et l'exportation de sucre Mexicain augmente chaque année. (**)

Les Colonies Espagnoles ont pour jamais secoué le joug de leur métropole; si les deux peuples s'unissent encore sous un même Gouvernement, ce ne pourra être

----

(*) L'exportation annuelle des sucres de Cuba est montée de 1792 à 1803, de quatre cent mille quintaux à un million de quintaux. C'est autant qu'en produisoit St. Domingue dans sa plus grande prospérité. (Humboldt, liv. II, ch. VII. T. II, pag. 39.)

(**) En 1782 le sucre du Mexique n'étoit pas connu dans le commerce; en 1802, le seul port de la Veracruz en exportoit 120,000 quintaux. Les Etats-Unis tirent aussi du sucre de Manille, et l'accroissement de cette production n'est pas moins rapide aux Philippines qu'en Amérique. Les rapports de New-Yorck donnent en 1800, 216,452 kilogrammes de sucre de Manille, en 1801, 403,389; en 1802, 646,461. Humboldt, liv. IV, ch. X, tom. III, p. 185.

qu'autant que les Espagnols d'Amérique recouvreront cette liberté de commerce dont ils ont été trop long-temps privés. La paix devra leur rendre tout le libre exercice de leur industrie, et leur communication avec l'Europe. L'Empire des Portugais au Brésil devra obtenir les mêmes avantages. Le Bresil, Vénézuela, la nouvelle Grenade, le Mexique, le Pérou, la Guiane, sont également propres à produire les denrées dont quelques petites îles du Golfe du Mexique avoient long-temps conservé le monopole. La culture commune, celle des Indiens et des paysans libres y produit avec abondance le sucre, l'indigo, la cochenille, le coton, et y produiroit de même le café s'il étoit nécessaire. Ces provinces ne sont pas plus éloignées de l'Europe que St. Domingue; bientôt, lorsque leur affranchissement sera complet, on leur verra mettre en mer leurs milliers de vaisseaux, et apporter elles mêmes leurs productions sur toutes nos côtes. L'Afrique elle même commence à éprouver à son tour l'influence d'un système de commerce et de plantation plus libéral; les établissemens philantropes de Gorée et de Sierra Léone, verseront leurs produits dans le commerce du monde. Sur la Méditerranée, les Barbaresques long-tems privés par nos guerres des profits de la piraterie, se sont voués plus qu'autrefois à l'agriculture et au commerce ; ils fréquentent nos ports sur leurs propres vaisseaux, et il nous apportent leurs denrées. Tout est donc changé dans le commerce des Tropiques. Pendant l'enfance de ce commerce, il a pu être contenu dans une sorte de monopole, hautement profitable , non point aux nations, mais aux planteurs et aux commerçans que les lois favorisoient. Alors toutes les denrées coloniales devoient être produites dans un petit nombre d'îles , partagées entre un nombre moindre encore de puissances jalouses. Il étoit facile d'en arrêter le commerce , de le diriger, de le faire couler dans le canal étroit qui lui étoit destiné. Mais aujourd'hui que l'étendue entière des pays situés entre les tropiques est également accessible aux nations de l'Europe ; que les pays producteurs, cent fois plus vastes et plus riches que les pays consommateurs , rivalisent à qui vendra à meilleur marché ; il est absurde de croire que la possession d'une île, que celle d'une

province sous la Zone torride, puisse procu-
rer des trésors à la métropole. La rivalité,
qui est l'âme du commerce et l'effroi des
commerçans, étant une fois introduite, les
profits sans mesure des marchands sont
aussi impossibles que la spoliation des consommateurs. Il faut négocier entre les Tropiques, comme on négocie entre les Peuples
d'Europe ; il faut que selon l'esprit du
commerce, chacun s'enrichisse par des
échanges qui mettent à sa portée la chose
dont il a besoin ; que chaque peuple gagne
également en traitant avec tous les autres,
comme le cordonnier et le tailleur ga-
gnent tous deux, en échangeant l'un
avec l'autre le produit de leur industrie,
comme la France gagne avec l'Allemagne,
et l'Allemagne avec la France. Cette révolution qui s'opère dans les trois plus grandes
parties de l'Univers, si elle est fatale à quelques marchands, à quelques planteurs, qu'on
ne favorisera plus injustement, enrichira
cependant le plus grand nombre, puisqu'elle
ouvrira à toute la France, à toute l'Allemagne, à toute l'Italie, et aux autres contrées
de l'Europe, la communication long-temps
interdite avec cette Inde fortunée d'où tant

de richesses peuvent subvenir à nos besoins, et avec ces nouveaux Etats de l'Amérique, qui réclament les produits de notre industrie, et qui peuvent les payer si richement.

Cette révolution qui n'est pas encore terminée, mais qui est immanquable, n'a point été prévue, et n'est point aperçue par les planteurs qui veulent rétablir St. Domingue ; ils demandent qu'on leur rende non leur île , mais l'ancien temps, comme si le passé étoit entre les mains de personne. Parce que St. Domingue produisoit autrefois de 80 à 100 millions à la France, il leur semble indubitable que cette île peut les produire encore (*); ils lui donnent, et ils se donnent

---

(*) Selon M. Malouet l'exportation de St. Domingue se composoit en 1774 de

80,600,000 liv. de sucre blanc à 50 fr. le quintal,	40,300,000
28,800,000 liv. de sucre brut à 27 fr.	7,776,000
1,207,700 liv. indigo à 10 fr.	12,077,000
1,507,000 liv. coton à 11 fr. 50 le $\frac{q}{0}$.	173,305
12,000 cuirs à 6 fr.	72,000
200,000 piastres à 5 fr.	1,000,000
40,000 liv. cacao à 1 fr. 50.	60,000

61,458,305

La colonie ne comptoit guère alors que 300,000

à eux-mêmes une importance proportionnée à cette richesse qui ne peut plus renaître. Tout est changé cependant, et même sans la révolution violente qui a aboli l'esclavage et fait périr le plus grand nombre des blancs, tout seroit changé également. La durée du monopole étoit nécessairement bornée par les progrès de l'industrie européenne entre les tropiques. Cette durée approche de son terme, et désormais le seul moyen de tirer parti des colonies, c'est de les considérer comme des ports francs, avantageusement placés pour le plus riche commerce extérieur. La Martinique, la Guadeloupe, l'île Bourbon suivront, sous les lois Françaises, le sort des colonies de l'Angleterre ; la concurrence étrangère diminuera chaque année les profits des planteurs, en augmentant les épargnes des consommateurs ; jusqu'à ce que l'agriculture soit réduite à être dans ces îles, ce qu'elle est dans tous les autres pays, le plus honorable mais le moins lucratif des métiers. Il n'est pas raisonnable de charger tous les consom-

---

esclaves, elle pourroit donc avec 45,ooo esclaves à y importer, produire environ le sixième de ces diverses quantités, et à cause du changement des prix, une valeur de quinze à vingt millions.

mateurs de France d'un pesant impôt, sur le sucre et le café qu'ils consomment, pour assurer aux propriétaires de plantations dans les Antilles un profit exhorbitant sur le capital qu'ils emploient.

Quant à St. Domingue, il n'y a d'autre parti à prendre que de traiter avec les négres libres qui en sont aujourd'hui les maîtres. On assure que pour retrouver la paix et la sûreté, pour attirer de nouveau dans leur île les capitaux dont ils manquent, et le commerce dont ils ne peuvent guère se passer, ils sont prêts à partager leurs récoltes avec les anciens propriétaires ; que pourvu qu'on reconnoisse les droits des *hommes de couleur*, des affranchis, c'est-à-dire de toute la population, car tous les anciens esclaves sont affranchis, ils reconnoîtront de leur côté la domination de la France, et l'autorité du roi. Il faut donc offrir aux cultivateurs de St. Domingue, à ceux qui n'ont d'autre propriété que leur travail, de les faire travailler à gages comme des ouvriers; à ceux qui ont conservé la case bâtie par leurs anciens maîtres, et quelque reste de culture coloniale, de les traiter comme nous traitons en Europe nos métayers. C'est d'après l'expérience de tout le midi, le contrat que des serfs de la glèbe sont le plus à portée d'exécuter, au moment de leur affranchissement. Dans ce traité de partage, qui est encore très-commun en France, et presque universel en Italie, le maître fournit les terres et les capitaux fixes ; c'est encore lui qui fait l'avance des capitaux circulans, qu'il prélève ensuite à la récolte ; le métayer ne fournit que son travail, et il en partage ensuite également les produits avec le propriétaire foncier. C'est à ces conditions que l'esclavage s'est aboli de lui-même dans tout le midi de l'Europe. Lorsqu'on a récemment voulu l'abolir aussi dans le nord, en Bohême, en Pologne, en Russie et en Danemarc, on a tenté d'engager les serfs à prendre à ferme les terres des seigneurs, et l'on a éprouvé des difficultés infinies. Les serfs n'ont en général, ni capitaux, ni intelligence pour une semblable entreprise ; et à cet égard ceux des nations septentrionales étoient peut-être moins éclairés encore, en sortant du servage, que ne le sont aujourd'hui les négres de St. Domingue. Ils se sont effrayés de l'idée de payer pour leur ferme, une rente toujours égale , malgré l'inconstance des récoltes ; et ils ont répondu, ce qu'on leur a suggéré, et ce que les partisans de l'esclavage répétent ensuite dans toute l'Europe, qu'ils aiment mieux encore être serfs, assurés qu'ils sont d'être nourris, soignés, secourus par leurs maîtres, que de prendre sur eux toute la responsabilité de la saison et de la maladie. D'autres seigneurs, en Hongrie et en Bohême, au lieu de partager la récolte, ont cru mieux faire de partager la terre et les journées de travail. Ils ont donné à chaque paysan une portion de champ toute à lui, et ils lui ont accordé trois jours de la semaine pour la travailler, réservant les trois autres jours pour la terre du seigneur. Ce partage du temps est décidément mauvais ; le métayer travaille sans gaîté, sans zèle, sans intelligence, au champ du seigneur dont il ne recolte point les fruits ; l'inspection sur son ouvrage est difficile, elle produit une irritation et des plaintes continuelles entre le paysan et celui qui dirige ses travaux ; il se fait sur le tout beaucoup moins d'ouvrage, et cet ouvrage coûte plus cher, et est accompagné de plus de vexations.

Les philosophes qui se sont occupés de la condition des paysans, et des meilleurs marchés à faire pour mettre les terres en valeur, sont nés en général dans des pays fort civilisés, où les progrès de l'agriculture rendoient les baux à ferme de beaucoup les plus convenables entre ces contrats de partage. Ils n'ont pas assez réfléchi sur le mode qui s'approprioit le mieux à une civilisation moins avancée ; et en décriant le contrat de métayer, ils n'ont pas vu que c'étoit le seul qui fût propre à élever le serf au rang de paysan. Tout vassal, en effet, tout serf, tout esclave négre est assez avancé pour devenir métayer ; son maître lui donne une maison ou une case, dix ou douze arpens de terre cultivée, et sa nourriture pendant la première année, nourriture dont il retient la valeur sur la prochaine récolte. Le métayer travaille gaîment, parce qu'il sait qu'il partagera tous les produits ; il soigne également toutes les parties de sa terre, et profite également de toutes ses journées, parce qu'il sait que ce qu'il fait est pour lui ; aucun inspecteur, aucun commandeur de négres n'est nécessaire, parce qu'il est assuré que s'il se conduit avec indolence ou mauvaise foi, le maître ou son facteur lui ôteront sa métairie ; et au moment du partage des récoltes le facteur se trouve sur l'aire ou le blé a été battu, comme il se trouveroit sur celle où le café se dépouille. Le cultivateur s'est payé lui-même de ses sueurs, il a vécu, il a été heureux ; et le propriétaire a retiré une rente nette, proportionnée à la fertilité de sa terre, comme à l'intelligence de son métayer, animée par la liberté.

Ceux qui prétendent que les nègres sont trop indolens pour remplir les conditions imposées au métayer, oublient le plantage de chaque esclave, qui est toujours soigné avec autant d'industrie que de zèle. Ils ignorent que dans ce moment même l'île de St. Domingue est cultivée par les nègres, non pas en vue seulement de leur propre subsistance, mais en vue du commerce dont ils ont senti le besoin. Les nègres indépendans d'Haïti, ont été obligés de renoncer à la culture et à la fabrication du sucre, qui demandoit trop de capitaux, et peut-être trop de connoissances chimiques ; mais ils ont soigné les plantations de café et de coton, et cette année même leur île a fourni pour l'Angleterre le chargement de vingt gros vaisseaux. Les paysans de l'Italie sont peut-être également indolens, également avides

de jouissances présentes , et de l'enivre-
ment d'un beau climat, également pauvres
et ignorans ; mais ils sont attachés à leur
travail dans chaque métairie, par la double
jouissance de la propriété et de la liberté.
Selon que cette propriété est plus ou moins
garantie , que cette liberté est plus ou moins
entière, on voit le paysan italien, indus-
trieux et actif en Toscane , nonchalant et
découragé en Sicile. Les bonnes lois aug-
mentent les revenus d'un pays comme les
jouissances de ses habitans ; mais dans le
pays même où elles sont le plus mauvaises,
le paysan d'Agrigente n'a pas besoin du fouet
d'un commandeur, pour faire partager à son
seigneur les riches fruits d'un beau climat et
d'un sol fertile.

Ainsi dans l'administration des colonies
qui lui sont rendues , l'intérêt de la France,
celui que la prudence seule lui suggère doit
être de ramener les négres indépendans de
St. Domingue à reconnoître la souveraineté
de la couronne, par une paix honorable,
qui leur conserve les droits de citoyens, et
qui rende aux anciens planteurs quelque part
à la propriété. Ces derniers ne peuvent
eux-mêmes former d'autres prétentions ;

car il ne dépend d'aucune autorité sur la terre de leur rendre ce qui n'existe plus nulle part. Ce n'est pas le sol où étoit autrefois leur habitation, qu'ils redemandent; la plupart des terres de St. Domingue sont encore vagues, et n'appartiennent à personne. Après quelques années d'une culture épuisante, les planteurs trouvoient eux-mêmes de l'avantage à entreprendre de nouveaux défrichemens, et abandonner les anciens. Ce ne sont pas les bâtimens, les ateliers, les plantations, tout le produit du travail qui donnoit de la valeur à chaque habitation, qu'ils peuvent retrouver; tout est détruit, et pour les remettre en jouissance, il faudroit tout recréer à neuf. On ne peut enfin leur rendre leurs nègres; ce ne sont plus les mêmes hommes; la vie moyenne de l'esclave n'étoit calculée qu'à dix ans dans les colonies, déjà vingt ans se sont écoulés, et aucune puissance humaine ne feroit rentrer sous le joug ceux qui ont remplacé les premiers cultivateurs. L'ancienne fortune des colons de St. Domingue n'existe donc plus nulle part. Leur perte est irrémédiable; car aucun Gouvernement n'a le moyen de compenser ces grandes calamités qui frappent des classes entières. D'autres victimes de la révolution se soumettent à leur sort, et ne l'ont sans doute pas mieux mérité.

L'intérêt de la France lui ordonne encore d'ouvrir les colonies de la Martinique, de la Guadeloupe, de l'île de Bourbon, de Pondichery, comme des ports francs, au commerce de tout l'Univers, et de compenser ainsi pour la France la perte inévitable qu'éprouveront les planteurs, par l'introduction en Europe des sucres des deux continens; il ordonne enfin d'appeler les Français, non au commerce odieux des esclaves, qui épuiseroit leurs capitaux, et doubleroit la mortalité parmi leurs matelots, mais au grand commerce de l'Univers, à celui de tous les pays situés entre les Tropiques, de toutes les colonies affranchies de l'Espagne et du Portugal, de toutes les Puissances des Indes, de tous ces riches marchés où les produits de l'industrie française seront désirés, et échangés contre des produits non moins riches, non moins nécessaires à nos besoins. On a pu défendre en Espagne ou en Angleterre le système du monopole, puisqu'il s'agissoit pour l'Espagne de garder à elle seule toute l'Amérique, pour l'Angleterre toute l'Inde;

mais la France ne peut fonder ses espérances que sur le système de la liberté. La possession exclusive de trois ou quatre îles est un objet minime à côté de la participation au commerce des deux plus grands continens. Si les autres Puissances luttent pour exclure les Français de toute l'Amérique et de toute l'Inde, c'est à eux à lutter pour y entrer. Lorsqu'au contraire ils s'enchaînent au monopole de leurs petites colonies, ils ressemblent à un prisonnier, qui séparé du monde entier par les verroux de ses géoliers, s'enferme en dedans à double tour, et croit ainsi mettre l'Univers en prison, en dehors de son donjon.

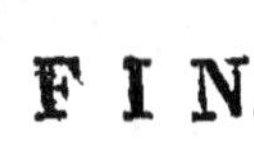

F I N.